POÈTES DU NOROÎT

MW01715910

Les Édi[…]
ont été […]
Dorion […]
Bélange[…]
tions é[…]
mainten[…] de même que des ouvrages de
bibliophilie. Au total, quelque 500 titres composent le catalogue du Noroît qui réunit plusieurs générations de poètes.

La présente anthologie rassemble des textes de neuf poètes publiés au Noroît. Ce recueil a d'abord paru en 2002, en édition bilingue, portugais-français, sous le titre de *Latitudes*, diffusé au Brésil par Nankin Editorial. Le choix des textes est le résultat du travail d'Álvaro Faleiros, jeune poète qui a résidé au Québec pendant quelques années et qui vit aujourd'hui au Brésil, d'où est originaire sa famille. Également musicien et traducteur, Álvaro Faleiros a publié plusieurs recueils de poésie, dont certains en collaboration avec des artistes plasticiens. Il a notamment traduit en portugais *Le bestiaire* de Guillaume Apollinaire.

Pierre Nepveu, qui signe la préface — destinée à l'origine aux lecteurs brésiliens —, est poète, romancier et essayiste, coauteur notamment de l'anthologie *La poésie québécoise des origines à nos jours.* Pierre Nepveu est reconnu comme l'un des observateurs les plus attentifs de la poésie québécoise.

POÈTES DU NOROÎT

PETITE ANTHOLOGIE DE LA POÉSIE QUÉBÉCOISE

Poètes du Noroît

Textes choisis par Álvaro Faleiros

Préface de Pierre Nepveu

BIBLIOTHÈQUE QUÉBÉCOISE

BQ BIBLIOTHÈQUE QUÉBÉCOISE est une société d'édition administrée conjointement par les Éditions Fides, les Éditions Hurtubise HMH et Leméac Éditeur. BIBLIOTHÈQUE QUÉBÉCOISE remercie le ministère du Patrimoine canadien du soutien qui lui est accordé dans le cadre du Programme d'aide au développement de l'industrie de l'édition. BQ remercie également le Conseil des Arts du Canada et la Société de développement des entreprises culturelles du Québec (SODEC).

BIBLIOTHÈQUE QUÉBÉCOISE bénéficie du Programme de crédit d'impôt pour l'édition de livres du Gouvernement du Québec, géré par la SODEC.

Conception graphique : Gianni Caccia
Typographie et montage : Dürer *et al.* (MONTRÉAL)

Catalogage avant publication de la Bibliothèque nationale du Canada
Vedette principale au titre :
Poètes du Noroît
(Petite anthologie de la poésie québécoise)
Publ. antérieurement sous le titre : Latitudes. Montréal : Éditions du Noroît, 2002
ISBN 2-89406-224-9

1. Poésie québécoise – 20e siècle. I. Faleiros, Álvaro. II. Titre. III. Titre : Latitudes.

PS8295.5.Q8L37 2003 C841'.608'09714 C2003-940406-4
PS9295.5.Q8L37 2003
PQ3914.P64 2003

Dépôt légal : 1er trimestre 2003
Bibliothèque nationale du Québec
© Stéphan Kovacs, pour les poèmes de Marie Uguay
© Éditions du Noroît, 2002
© Bibliothèque québécoise, 2003, pour la présente édition

IMPRIMÉ AU CANADA EN MARS 2003

PRÉFACE

La présente anthologie pourrait faire croire à des lecteurs qui ne sont pas au fait de la situation de la poésie québécoise que Le Noroît constitue un mouvement littéraire, un véritable groupe animé par une volonté poétique et esthétique commune. Précisons-le d'entrée de jeu : il n'y a jamais eu de « manifeste » du Noroît et si la maison est devenue depuis une trentaine d'années un des lieux majeurs de publication de la poésie au Québec, c'est avant tout par son aptitude à accueillir et à faire entendre la qualité individuelle de chaque voix, par une dévotion et un respect constants pour le poème, à la fois comme langage et comme objet concret qui mérite un travail d'édition impeccable. La présence, dans un très grand nombre de recueils publiés au Noroît, d'œuvres artistiques (gravures, dessins, tableaux, photos) et le soin apporté à la présentation matérielle de chacun des livres constituent d'une certaine manière une prise de position implicite sur la poésie et sur ses dimensions esthétique et culturelle, mais il n'y a jamais eu à cet égard de diktat ou de programme prétendant déterminer ce que devrait être la poésie québécoise ou la poésie tout court, aucun mot d'ordre sur ses contenus et sur sa portée sociale.

Il reste qu'à travers des affinités, des amitiés, et aussi grâce à certains choix éditoriaux, il existe un ton que l'on peut rattacher au Noroît et que l'on entendra assez aisément dans les pages qui vont suivre. On ne peut guère comprendre ce ton ou ce style sans situer sommairement Le Noroît dans le paysage poétique québécois contemporain. La maison est apparue modestement, au seuil des années 1970, dans une période particulièrement effervescente sur les plans politique, social, artistique et littéraire. Poétiquement, la décennie précédente avait été marquée par l'apothéose poétique de la génération dite de l'Hexagone, du nom de la maison d'édition fondée par le poète Gaston Miron et ses amis en 1953 et qui devait connaître un essor remarquable après 1960, au moment où la société québécoise tout entière connaissait une «révolution tranquille» qui la poussait à la modernisation et à l'affirmation nationale. Cette maison établissait pour de bon au Québec une certaine norme d'édition poétique, une exigence éditoriale et matérielle sachant mettre en valeur le poème, avec une sobriété et un soin que l'on retrouvera au Noroît.

Pas plus que celui-ci, l'Hexagone ne fut à strictement parler une école, un mouvement fortement structuré. Il reste que le contexte historique et culturel des années 1955-1965 devait susciter chez les poètes de cette génération une réflexion commune sur la situation de la poésie et sur sa fonction sociale. Il s'agissait non seulement de créer une poésie québécoise moderne et de se donner un réseau de diffusion et un public lecteur, mais aussi d'assumer une responsabilité de la parole poétique «sur la place publique», comme l'écrira Miron lui-même. Cette poésie ne pouvait être indifférente au sort des opprimés, à la guerre froide et sa menace nucléaire, ni surtout au désir d'affirmation qui animait la société québécoise de l'époque, cherchant à fonder son identité, sa culture, sa langue, dans un espace politique moderne et démocratique. Ce projet allait trouver son point culminant avec la publication, en 1970, de *L'homme rapaillé* de Gaston Miron, un livre qui a acquis au Québec et à l'étranger une immense notoriété et qui lie d'une manière inoubliable le destin d'un homme singulier, avec ses désirs et ses peines, à l'histoire d'un peuple et à la «terre de Québec».

En même temps, la période où René Bonenfant et Célyne Fortin fondent les Éditions du Noroît se caractérise par l'émergence, parmi les jeunes générations, d'une nouvelle culture contestataire, iconoclaste, proche de mouvements analogues qui se manifestent aux États-Unis et en France dans la seconde moitié des années 1960. Cette «contre-culture» mélange volontiers l'hyperréalisme urbain et les rêves bucoliques, la rébellion politique et l'utopie amoureuse ; elle baigne dans la musique rock et les substances hallucinogènes, et elle a fréquemment recours à un surréalisme provocateur. Aux côtés des poètes de la génération de l'Hexagone, on allait retrouver les traces évidentes de cette nouvelle culture à la fameuse « Nuit de la poésie » qui eut lieu à Montréal au printemps 1970, grandiose fête poétique mais tout autant contre-poétique, menant le poème vers le chant, la vocalise, la performance, le manifeste ou, dans le cas du poète «automatiste» Claude Gauvreau, vers une nouvelle langue poétique inventée, «l'exploréen», tandis que des poètes plus jeunes regroupés autour de la revue *La barre du jour*, comme Nicole Brossard, bousculaient la syntaxe et donnaient à entendre une voix savamment formaliste.

Dans un tel contexte échevelé et transgressif, volontiers ludique et parfois dramatique (de nombreux poètes, dont Gaston Miron, seront emprisonnés durant la Crise d'octobre 1970, quand l'armée fédérale occupe temporairement le Québec — et l'année suivante, après le triomphe poético-théâtral de sa pièce, *Les oranges sont vertes*, Claude Gauvreau se donnera la mort), il n'est guère étonnant que l'apparition des Éditions du Noroît ait été discrète. Cela a certes tenu à la personnalité de ses fondateurs et au rythme lent des publications de la maison durant ses premières années d'existence, mais on peut observer aussi que, par son contenu même, Le Noroît affichait d'emblée un registre poétique (qu'on relise *Calcaires* d'Alexis Lefrançois, le tout premier recueil paru au Noroît, en 1971) fort différent de celui que je viens de décrire, beaucoup moins tapageur, davantage orienté vers le métaphysique que vers le social et le politique, moins soucieux de fondation, de recommencement ou d'utopie que de présence à ce qui est, à travers les aléas du temps, les incertitudes de la conscience, dans une ferveur teintée de fragilité. En réalité, sur la scène agitée du début des années 1970, Le Noroît annonçait une poétique qui allait occuper une place centrale dans le paysage de la poésie québécoise d'après 1980 et dont l'anthologie d'Álvaro Faleiros donne une image forcément partielle, mais assez juste.

«L'homme depuis l'origine des routes / fait corps avec la terre», écrit Paul Bélanger: on peut voir dans ces vers un certain horizon et une éthique du cheminement et de l'habitation caractéristiques de la génération poétique du Noroît. Par certains côtés, ces poètes retrouvent un rapport au poème qui n'est pas si éloigné de celui de l'Hexagone à ses débuts, mais dans un contexte tout autre, les grands projets historiques et politiques ayant été remis en cause et la littérature ou la poésie québécoise n'étant plus en mal d'affirmer son existence. On aurait tort, toutefois, de caractériser cette poésie du Noroît par la désillusion ou par un pur intimisme, si l'on entend par ce dernier terme un repliement narcissique sur soi : au contraire, il s'agit, à partir d'une position individuelle, d'assumer un rapport global au monde, à ses lieux, à ses corps désirants ou souffrants, à son étrangeté pleine de détails signifiants, à sa durée exigeante.

Certains des poètes présents dans cette anthologie, et non des moindres, nous ont déjà quittés : Marie Uguay, morte à 26 ans en 1981, l'une des premières grandes voix du Noroît et l'une de celles qui dit avec le plus de justesse et d'émotion retenue cette proximité à un monde tantôt splendide, tantôt au bord de s'éteindre ; Michel Beaulieu, disparu lui aussi prématurément, en 1985, à l'âge de 44 ans, poète abondant et rigoureux qui n'a jamais cessé d'explorer les « aléas du corps grave », pour reprendre le sous-titre du dernier recueil publié avant sa mort ; et enfin Geneviève Amyot, morte en juin 2000 et qui, depuis son tout premier livre, en 1975, avait su développer une écriture très sensible aux inflexions du quotidien, à ses rituels, à ses beautés comme celle du fleuve, cette réalité centrale du paysage québécois, qu'elle chante ici dans un magnifique poème en prose, comme le fait par ailleurs Paul Chanel Malenfant dans des vers qui donnent au Saint-Laurent toute sa grandeur mythique: «les grandes lèvres du fleuve / parlent de langue maternelle».

Le poète le plus connu et le plus célébré dont le nom se rattache aux Éditions du Noroît demeure indiscutablement Jacques Brault, qui est le plus âgé des poètes représentés ici et qui a fait le pont entre la génération de l'Hexagone et celle qui devait suivre. À lui seul, il témoigne de toute une tradition désormais riche de la poésie moderne au Québec, remontant à Saint-Denys Garneau dans les années 1930, puis à Alain Grandbois et à Gaston Miron, trois poètes majeurs dont Brault a été un important lecteur et qu'il a beaucoup contribué à faire connaître; il incarne en même temps par excellence cette évolution qui va d'une poésie marquée par le destin douloureux et riche en promesses du Québec des années 1960, caractéristique de ses premiers recueils, vers une écriture de la mémoire personnelle, du monde problématique où l'on chemine sans illusions et sans attaches, en exerçant simplement le métier de vivre et en cueillant au passage quelques éphémères moments de beauté.

En lisant d'autres poètes de cette anthologie du Noroît, de Paul Bélanger à Paul Chanel Malenfant, d'Hélène Dorion à Louise Dupré, on sera frappé par le fait que leurs voix très personnelles participent en même temps d'un désir commun de témoigner, de «faire signe / de nos absences» comme l'écrit Hélène Dorion, sur un fond de mélancolie qui est tout le contraire d'un vague à l'âme mais qui semble plutôt nourrir une précision du regard et une acuité de l'émotion. Dans la poésie en langue française contemporaine, ce ton pourrait être rattaché à la voix de poètes comme Yves Bonnefoy et surtout Philippe Jaccottet, dont l'influence est importante chez les poètes québécois.

Bref, si cette poésie du Noroît s'écrit et se publie au Québec et que l'on reconnaît aisément ce «peuple de la neige» dont parlait Michel Beaulieu, dans l'espace qui est le sien au nord-est des Amériques, il reste que cette poésie participe aussi d'une conscience et d'une culture plus larges, et qu'à travers son sens de l'immédiat et son absence de prophétisme et de grandiloquence elle s'inscrit dans un univers et dans une histoire que nous partageons tous, quelles que soient par ailleurs nos langues et nos traditions particulières.

Pierre Nepveu

GENEVIÈVE AMYOT

Née à Saint-Augustin de Portneuf, Geneviève Amyot (1945-2000) a publié sept livres. Au Noroît : *La mort était extravagante,* 1975 ; *Dans la pitié des chairs,* 1982 ; *Corps d'atelier* (Prix de poésie Saint-Sulpice de la revue *Estuaire*), 1990 ; *Je t'écrirai encore demain,* 1994.

Ce sac plat collé casier postal et non-retour un signe douteux de défaillance sollicitée le repos de la neige artificielle j'ai tremblé que l'image menteuse ne s'accomplisse nous mène à bout de nerfs comme seul possible édit tu avais pensé aux courges pour la table mais tu as eu peur de la pourriture

je refuse tous les textes qui ne parlent pas de franchir

et les spermes qui n'ont point l'ampleur insoutenable de la mort

[*Dans la pitié des chairs*]

Je crois qu'il serait mieux de partir maintenant nous risquons de trop nous attacher à ces rites traîneux recroqueviller effrayant rester tapis dans la boîte à chapeaux installés en pleine fourrure jusqu'à se convaincre de morpions

je te dis

nous rhabiller en civils sortir dehors

canaliser notre mémoire

jusqu'à fonctionnement d'aqueduc

[*Dans la pitié des chairs*]

Écrire avec cette présence de la tête
à mes côtés
Sa main droite à mon flanc gauche
et dessinant la tête
Certitude énorme
La face exacte de l'espoir avec ses
grands trous offerts
S'y loger à jamais
S'y refaire et s'y perdre
La bouche

Une ligne d'horizon où joindre la
lumière en tout état de cause

Un troisième trou parfois que cela
soit parfait
Réceptacle parfait
Pour cas de mort bien entendu

Il me l'a dit si je mourrais ou presque
c'est ainsi qu'il me retiendrait son nez
ouvert à toutes étoffes ce qu'elles ont
conservé de la chair de son odeur en
repaire subtil et qu'elle règne

Et règne règne ce fil mince des
jambes longues
Les pieds arrondis comme des petits
ventres bienheureux
Leur imbattable splendeur
J'y ai cru à jamais
Des pieds enfin
À jamais rédempteurs

[*Corps d'atelier*]

C'est le mois d'avril, bien sûr, il convient de dire « déjà »... et mes crocus sont fleuris, et j'ai entendu mes premiers merles ; la présente est simplement pour te parler du fleuve. Tu aurais dû le voir lâcher ses glaces. Il m'a semblé d'ici que d'abord il les secouait comme de la force longue d'une bête antique qui se brasse et s'étire, disperse ses croûtes, se lève et part fermement vers la mer. Tu aurais dû le voir. Il a évacué en un rien de temps la totalité de ses mottes. En un rien je t'assure, et quel éclat. Il les a savamment broyées, léchées, répudiées, je ne sais pas, mais il apparaissait, magnifique, toutes blancheurs avalées une fois encore, dénudé parfait à la face du soleil, dans l'éblouissement vif de ses bleus les plus drus, de ses bleus sujets à changement... Et puis tout a changé... Tu sais ce que c'est que ce temps d'avril qui n'en finit plus de venir annuler à mesure toute promesse, de nous coller ses morves, ses streptocoques, et le fleuve est d'une froideur de noyé, et l'on sollicite en détresse le recouvrement rapide de quelque étoffe pesante, de quelque corps en égarement fraternel. Car le fleuve est d'un gris d'infortune, le fleuve est d'un gris d'indigence, et la neige, la neige persistante et lourde lui assaille l'échine en attaques épaisses et il l'absorbe, brouillé, dans une soumission sans recours. Le fleuve est une bête de hasard qui n'aura jamais le salut. [...]

[*Je t'écrirai encore demain*]

MICHEL BEAULIEU

Né à Montréal, Michel Beaulieu (1941-1985) est l'auteur d'une œuvre abondante et diversifiée. D'abord poète mais aussi romancier, il a également œuvré comme critique et comme éditeur. Au Noroît: *FM*, 1975; *Anecdotes*, 1977; *Oracle des ombres*, 1979; *Visages* (Prix du Gouverneur général), 1981; *Kaléidoscope ou les aléas du corps grave* (Grand Prix de la Fondation des Forges), 1985; *Vu*, coédition avec le Castor Astral, 1989; *Indicatif présent et autres poèmes*, 1993; *Fuseaux / Poèmes choisis*, 1996; *Trivialités*, 2001.

dire et toujours dire
corrodées par les lieux communs
les ivresses du sang
les renier sans doute le lendemain
quand les ombres se replient
avec ce bruissement d'ailes
des insectes blessés

dire sans le dire et le dire pourtant
malgré la lenteur en soi des volutes
cette odeur de pétrole qui nous pressent
que la nuit affûte ses antennes
et le dire d'une voix qu'aucun relent
n'habite encore futile désordonné

cuisses de tendresse bouche rauque
à dix heures du soir un soir
quelque part par là la Catherine
galope enchâssée dans ses néons

plus tard elle brisera les lignes
de la main
elles seront longues elles seront brèves
elles rempliront chacune sa fonction
chacun s'endormira satisfait de ses lunes
chacun s'en souviendra le lendemain

mais toi tu le sais qu'il existe
ce lieu de nulle part où tu t'attardes
en vain
comme on passe devant les miroirs
éperdu
satisfait
en s'oubliant soi-même un instant
si vite passé qu'il en reste
un zeste de sommeil entre les dents

si tu écoutes en toi-même ta propre voix
qui te fouille les nerfs
elle s'éprendra de tes mouvements
si tu écoutes en toi-même cette voix
qui fouille tes nerfs
elle s'éprendra de tes mouvements

[*Oracle des ombres* dans *Fuseaux*]

PEUPLE DE LA NEIGE

je te salue
peuple de la neige
peuple abrité dans les repaires
peuple de l'hibernation
peuple de la petite misère
et du reniflement quotidien
je te salue dans tes outrages
dans tes renoncements
tu mâches les feuilles glacées
le sang
le plomb
la fragilité des paumes
tu passes les frontières
où l'histoire n'a plus de lois
je te salue
peuple de la neige
l'estomac déserté
dans l'euphorie de tes illusions
peuple d'instinct
peuple minéral
peuple de la langue interdite
et de la sublime simplicité

je te salue dans tes ravages
dans tes éclatements
quand tu respires
l'ongle de la glace
et qu'au plaisir offert
tu te dépouilles en tremblant

[*Oracle des ombres* dans *Fuseaux*]

20.

pâte blanche
diluée dans les cuillers
qu'une main tremble
en réchauffant

rouge elle naît
la fleur
tant pressentie depuis les muscles
tendus dans la durée

cette force aussi
d'attraction des fluides
quand leurs extrémités se happent
en clamant dans le corps
l'inquiète intimité

le savoir ne sert plus
tout à coup
quand elle surgit
de nulle part
apparemment

[*Visages* dans *Fuseaux*]

17.

se peut-il qu'ainsi tout finisse
de ce qui commençait à peine
à naître en chacun de nous
l'éternité de chaque geste
en chaque geste révélée
chaque plaisir au plaisir accordé

se peut-il que la mémoire seule
et la mémoire affadie dans l'avenir
te retienne
emmêlée à cette odeur de pastèque
qu'en riant du plus plein du visage
tu dégages
le corps épris de son étau
et qu'un rein l'empoisonne
jusqu'à la connaissance
absolue

[*Visages* dans *Fuseaux*]

ENTRE AUTRES VILLES

celle où tu reviens au bout
du compte des voyages le flanc
de la montagne taillé d'un coup
d'aile tu n'arrives pas
de très loin retraçant les marches
tes dix-sept ans des nuits d'autrefois
le vague à l'âme à force de trop lire
les poètes dont tu ne redécouvrirais
qu'à quarante ans la teneur disait-on
les bâtiments dont seule subsiste la photographie
la pierre au fond du fleuve interdiction
de s'y baigner jadis les plages
les plages de l'ouest et du nord de l'île
ce fleuve dévoré
dont jamais tu ne sens la présence
bien que tu en connaisses les remous
tu le regardes rongé de lumière tu sens
à peine le train sur la piste

[*Kaléidoscope* dans *Fuseaux*]

PAUL BÉLANGER

Né à Lévis en 1953, Paul Bélanger vit et travaille à Montréal. Il collabore à diverses revues, au Québec et en Europe. Il a été membre du comité de rédaction de la revue *Liberté*. Il est directeur littéraire des Éditions du Noroît. Au Noroît : *Projets de Pablo*, 1988 ; *Retours* suivi de *Minuit, l'aube*, 1991 ; *L'oubli du monde*, coédition avec L'Atelier la Feugraie, 1993 ; *Fenêtres et ailleurs*, 1996 ; *Périphéries*, 1999.

40

Il y a tes yeux
dans le miroitement de leurs feux
le profil micacé de ta crinière
rousse il y a la profusion
des sédiments sous tes paupières
d'airain il y a l'air du soir
qui s'infiltre en toi au plus près
de la matrice que je voudrais être
ton souffle.

Il arrive que je m'émerveille
certaines nuits bouleversé
par l'éclat d'un rêve
le vertige alors papillote
irrépressible dans le ventre.

Aux fenêtres des œufs
de cyanure saignent sur la ville d'hiver.

[*Projets de Pablo*]

AUTOPORTRAIT

Je compte les heures sur le seuil
le grain s'ouvre où la mémoire
accueille dans ses plaies
les lèvres blanches
d'une progéniture d'idoles.

J'en ris mais c'est à pleurer
la mort me laisse.

L'homme depuis l'origine des routes
fait corps avec la terre.

[*Retours*]

MÉLANCOLIE

Je remonte vers la cathédrale
aux dalles brûlées
par les rues étroites
grouillantes des vies
vers ce monde évanoui.

Je me fais l'effet d'un pitre
oublié là
avec le chant.

[*Retours*]

Je suis en exil
au centre de ma nuit fraternelle

le mauvais sang des jours
embouche peu à peu les artères
durcies par le temps et les petits excès
quotidiens et celles-ci déjà
oblitérées tandis que sur la peau des mains
les callosités craquent et saignent
glacées

[*Fenêtres et ailleurs*]

Plus rapide que l'éclair le liquide
monte dans le bras l'aiguille encore
dans le bras la commotion se distille
parmi les membres et les satellites

les noms de siècles défilent
la joie et le cauchemar
en une seule sensation
foule grise endormie un sourire mort
aux lèvres

chaque fois le fiasco
l'œil noué à son désastre
l'œdème de l'astre s'étiole
comme un lent tonnerre

[*Fenêtres et ailleurs*]

JACQUES BRAULT

Né à Montréal en 1933, Jacques Brault a été professeur à l'Université de Montréal. Il a signé avec Benoît Lacroix l'édition critique des œuvres de Saint-Denys Garneau. Son œuvre de poète comprend plusieurs recueils. Il a aussi fait paraître des essais et un roman. Il a reçu le Prix Duvernay en 1979, le Prix Athanase-David en 1986 et le Prix Gilles-Corbeil en 1996 pour l'ensemble de son œuvre. Au Noroît : *Poèmes des quatre côtés*, 1975 ; *Vingt-quatre murmures en novembre*, 1980 ; *Trois fois passera* précédé de *Jour et nuit*, 1981 ; *Moments fragiles*, 1984, réédition en coédition avec Le dé bleu, 1994 ; *Poèmes* (qui reprend ses trois premiers recueils), 1986 ; *Il n'y a plus de chemin* (Prix Alain-Grandbois), coédition avec La Table Rase, 1990 ; *Au fond du jardin*, 1996 ; *Poèmes choisis*, 1996 ; *Au bras des ombres*, 1997 ; *Transfiguration* (avec E. D. Blodgett, Prix du Gouverneur général pour la traduction), coédition avec BuschekBooks, 1998 ; *Poèmes*, 2000.

ENTRE MARS ET VÉNUS

L’haleine du futur sur le dos de la main
 [comme une plus claire visitation
Doutance du corps au temps confié
 [ô remuement de l’arbre passager
Toute chose connaît sa chair à l’approche
 [de l’appeau et de la glu
Toute chose ainsi qu’une petite bête mouillée
 [qui sécrète son souffle
Toute chose retirée en la coquille de son refus
Voici l’heure où le minéral cherche
 [sa respiration la pierre bouge dans sa peau
Ô le cri de l’être arraché de son agonie
Chacun est pauvre d’une voix
 [que le temps violente

Le temps coule sa pâte en chaque fissure
Le temps ramène la nuit au giron du jour
Et les morts sans cesse au bras
 [du souvenir renaissent

La terre se retourne sur les peuples
[qui la composent la terre où j'éprouve
[du pied ma place
Vieille berceuse où dorment
[les millénaires vieille rassembleuse
Terre où s'emmêlent nos racines
[où nos haines fraternisent
Terre aux mille sourires des morts réconciliés

[*Mémoire* dans *Poèmes choisis*]

UN JOUR QUELCONQUE

vieillirons-nous ensemble au pas de la porte
têtes couvertes de branches blanches
[et de corbeaux oubliés
nos plaies confondues sous un soleil pâle
[mains effilées
momies d'un amour qui nous ressemble

ton bras à mon bras mon épaule contre la tienne
merveille alors de s'éveiller comme on ressuscite
le matin n'a pas une ride sur la peau   des draps

viens   sortons au grand jour   la rue n'a point
[d'âge pas encore

tu ne dis rien près de tes lèvres le souffle se fait rare
j'écoute pour la millième fois
[le commencement du monde

le temps se déplie s'explique en espace
[le lait tinte aux yeux du laitier
est-ce l'hiver est-ce l'été nous ne savons plus
[entre nous l'instant tombe
des moineaux fusent de rire les journaux crient
[à tue-tête   nos veines si bleues se répondent

tremblerons-nous ensemble au bout du trottoir
transis de nous voir   enfin   ombres illuminées

[*La poésie ce matin* dans *Poèmes choisis*]

Au cœur du glacier
une lampe verte
l'âme de l'eau dormante
nous prennent par la main

plus profond et plus profond
s'ouvre

une lumineuse noirceur
pareille aux ailes du corbeau

comme si un vent lourd
courait à travers toutes les maisons
où jamais nous n'avons vécu

le froid se rue
dans ces apparences
nos couvertures s'envolent
aux confins de l'obscurité
nous seuls et nus
nous voici éveillés
pour toujours

[*Poèmes des quatre côtés* dans *Poèmes choisis*]

Je gravis une colline
et je m'assois solitaire
sous un ciel vide
à mes pieds s'endort
comme un chien ma tristesse

[*Moments fragiles* dans *Poèmes choisis*]

Tu es partie comme un rêve tard la nuit
je reste seul éveillé face au mur
et j'entends quelque part du côté de la rivière
une oie sauvage crier de solitude

[*Moments fragiles* dans *Poèmes choisis*]

Non, plus de chemin. Plus de sens. Je détresse des fils nattés. Je me creuse sur place; jusqu'à toi, qui n'existes pas. Personne; inventé. Éventé. Ça n'a pas lieu, le retour, les retrouvailles. Batteur de pavé je fus. Jusqu'à l'os. À l'abri de la veste et de la cravate. Fourvoyé sous des airs d'aller on sait où. D'arriver. Petites choses de la vie, pauvresses inanimées, je ne vous oublie pas; je détresse. Personne de vous et moi ne bénira les cendres. Nomade par les chemins creux du cœur, nous allions pourtant jusqu'à la vaillance de ne pas être, enfin, pas trop. Bondieu, quel soleil me tape sur la tête, que je déparle pareil? Mes bottines ne m'ont pas lâché en route. Elles vont par deux, craquantes comme l'angoisse et la solitude. Et maintenant elles se reposent. Y a pas de quoi faire un drame. Mâche ton silence.

[*Il n'y a plus de chemin* dans *Poèmes choisis*]

Couler sur ses genoux
au milieu du chemin
faire une flaque
rêveuse et gardienne
de sommeil enfin
où se noyer

[*Il n'y a plus de chemin* dans *Poèmes choisis*]

HÉLÈNE DORION

Née à Québec en 1958, Hélène Dorion a publié plusieurs ouvrages de poésie depuis 1983 au Québec, en France (aux Éditions de la Différence), en Belgique et en Allemagne. Ses textes sont traduits dans plusieurs langues et un ouvrage regroupant des poèmes en anglais, *The Edge of Light*, a paru chez Guernica Editions. Elle a collaboré à des ouvrages collectifs et à des anthologies. Elle est elle-même l'auteure d'une anthologie de poètes québécois et a préparé une édition des poèmes de Saint-Denys Garneau. En 1992, lors du Marché de la Poésie de Paris, elle a reçu pour l'ensemble de son œuvre le Prix international de Poésie aux Trois Canettes Wallonie-Bruxelles. Chez Leméac, elle a publié un récit autobiographique, *Jours de sable*. Elle a été directrice littéraire des Éditions du Noroît de 1991 à 2000. Au Noroît : *L'intervalle prolongé* suivi de *La chute requise*, 1983 ; *Hors champ*, 1985 ; *Les retouches de l'intime*, 1987 ; *Un visage appuyé contre le monde*, coédition avec Le dé bleu, 1990 ; *Les états du relief*, coédition avec Le dé bleu, 1991 ; *L'empreinte du bleu*, livre d'artiste conçu avec le peintre Marc Garneau, 1994 ; *L'issue, la résonance du désordre* (Prix de la Société des écrivains canadiens), 1994 ; *Pierres invisibles*, avec des encres de Julius Baltazar, 1999 ; *L'issue, la résonance du désordre* suivi de *L'empreinte du bleu*, 1999 ; *Un visage appuyé contre le monde*, nouvelle édition, 2001.

Je cesse de marcher, de toucher
ce qui me retient
de me perdre, je commence
par une phrase
qui va jusqu'à toi.

Jamais le désert ne trahit notre silence.
La faille continue à remuer
sous nos pas
en même temps que tremble ma voix
accordée à la tienne.

[*Un visage appuyé contre le monde*]

C’est un jour
où tout se dresse
et retombe
entre mes doigts les heures
ne craignent plus de vivre
leur parfait mélange
de lumières et d’obscurités
comme un amour
le jour me demande de partir
avec lui de trembler
parfois pour un rien

[*Les états du relief*]

On finit par répondre
qu'on est là, faire signe
parmi nos absences
ne plus fuir la mémoire
de certaines failles qui blessent
plus que d'autres

On finit par s'ouvrir
au silence qui revient
et ne plus répondre
au bruit des pas, ne plus croire
qu'on a aimé, soutenu un instant
la beauté de notre vie

On finit par sentir le temps
qui replie nos regards
lentement les referme, comme une blessure
dont on ne sait plus parler

[*Les états du relief*]

La mémoire ne sait plus
où se poser.

Un regard d'enfant retient le noir
du ciel, la fissure
sans bord.

Comme en un désert
qui insuffle l'absence
chaque visage
trouvera sa demeure.

[*L'issue, la résonance du désordre*]

La beauté guérit du désastre.

Cela est trop loin.

Parole reçue sans qu'on l'entende
et qui remonte maintenant.

Certaines ruines nous rendent au désert
comme si nous n'avions jamais quitté
ce manque sans visage.

[*L'issue, la résonance du désordre*]

LOUISE DUPRÉ

Née à Sherbrooke en 1949, Louise Dupré a fait paraître des textes de fiction, de critique et de théorie dans de nombreuses publications québécoises et étrangères. Comme poète, elle a publié quatre titres. Elle a obtenu le Prix Alfred-DesRochers en 1983 pour *La peau familière*. Comme essayiste, elle a collaboré à quelques publications d'ouvrages collectifs. Elle a aussi publié des nouvelles et deux romans. Au Noroît : *Noir déjà* (Grand Prix de poésie de la Fondation des Forges), 1993 ; *Tout près*, 1998.

Telle une amante qui brûle sa peur jusqu'à ce qu'il n'en reste plus qu'un petit tas de braise, j'aime que les feuillages poussent dans le sucré des larmes, au centre du visage, dans son étonnement. La lumière. La sérénité, l'écho que trouve la voix si elle emprunte de nouveaux parcours. Apprendre à prononcer le nom de mon père en souriant, consentir, solide devant les carillons des églises, séparée. Et la mémoire range ses linceuls, le corps cède aux étés des jardins.

[*Tout près*]

Mémoire, ta maison
en deuil
ainsi que tu la vois la nuit
avec ses poutres qui grincent
sous le poids des corps
Qu'attends-tu au juste de tes veilles
sinon une place dans les rues
parmi des mendiants
qui ressemblent à ton père
Sans doute veux-tu te convaincre
que ton destin est ailleurs
dans la chaleur d'une chambre
où à côté de toi dormirait
un homme qui ne connaîtrait pas
l'insomnie
Tu guettes la peur
pour la mettre en lambeaux
le moment venu
quand elle sera assez près
pour te paraître insupportable

[*Tout près*]

Jamais ne nous vient l'image
d'un crâne
jamais les os
quand les doigts craquent
les chambres fermées
sur leurs restes détruits
sueur et encens
les odeurs qui avalent
on tourne les yeux
mais la fenêtre, le ciel
immobile
dans sa banalité

le tableau noir déjà
tu l'écaillais en riant

[*Noir déjà*]

LE DÉPART

Certains matins on croit
au bonheur
de juillet
quand les draps en fleurs
claquent sur les cordes
tu renies alors la douleur
des gares

et cette femme
qu'on voit de dos
monter dans le premier train

[*Noir déjà*]

Une fois encore
une dernière fois
les heures épuiseront
la gravité de l'instant
on s'exercera aux funérailles
et les continents dériveront
jusqu'à la mer
entre les lèvres
là, le seuil
où s'arrêtent les cortèges
et figent
statues de salive
et de sel
qui boivent le sang noir
volé aux vivants

[*Noir déjà*]

PAUL CHANEL MALENFANT

Né à Saint-Clément en 1950, Paul Chanel Malenfant est professeur à l'Université du Québec à Rimouski. Il a publié une quinzaine de recueils de poésie, dont plusieurs aux Éditions du Noroît. Critique, il a aussi fait paraître un essai intitulé *La partie et le tout*, de même que, dans la plupart des revues québécoises, de nombreux articles sur la poésie actuelle. Il est également l'auteur de deux romans. Au Noroît : *Le mot à mot*, 1982 ; *Les noms du père* suivi de *Lieux dits : italique*, 1985 ; *Tirer au clair*, 1988 ; *La table des matières* suivi de *Les airs de famille*, 1990 ; *Abstractions faites*, coédition avec Le Pré Nian, livre d'artiste avec 12 sérigraphies de Bertrand Bracaval, 1991 ; *Voix transitoires*, coédition avec L'arbre à paroles, 1992 ; *Fleuves* (Prix Alain-Grandbois et Grand Prix du Festival international de poésie de Trois-Rivières), 1997 ; *Des ombres portées* (Prix du Gouverneur général), 2000.

Dans la rue le premier pas marque le rythme
tu n'as pas d'autre issue que la marche
parmi les glaïeuls la grisaille des néons il y a
des fils barbelés et des mères gitanes il y a
des noirs parés de fer blanc des odeurs de soupe
et de cuir bouilli dans les bouches ça respire l'air
est une grande masse de matières où planent
la catastrophe la connaissance de Dieu.

[*Voix transitoires*]

Fleur de farine pour la continuité des choses
l'ordre du monde est arrêté le poème
tient au cil blond apparu entre les larmes
au goût de gingembre sur la gencive
les cimes des platanes se rejoignent
sur le cours Mirabeau

d'autres yeux s'écorchent de rouge parmi les vitraux
les instruments de musique sont laissés seuls
l'idée de suicide s'éteint aux rails du métro

imagine la dernière phrase
de cet homme regardant la mer
à l'heure dite des fins dernières.

[*Voix transitoires*]

Nuit de menthe
mêlée à la salive dans la bouche
où bougent la langue l'huître
rose comme une chose close

non lieu le passé se dérobe
avec les sangliers dans les livres
les petites filles envolées
parmi les bulles de savon
le voile sur la porte
quand la mort est dans la maison

nom de mâle de faute publique
on sourit dans ton sillage
derrière le lobe de l'oreille

bel exil ce pays porte le nom
de fille de ta mère.

[*Voix transitoires*]

Entends le souffle, entends la voix de violoncelle qui sourd entre les algues et les éclats d'obus.

Traits tirés des guerres.
Soldats de plomb.

Les grandes lèvres du fleuve parlent de langue maternelle.

[*Fleuves*]

L'image invente des histoires, hiéroglyphes,
taureaux tracés sur les parois, cœurs griffonnés
à la hâte.

Il s'agit de voir plus loin que la ligne d'horizon,
de passer la frontière des paupières.

Plus juste que les mots la trace des visages
dans l'espace du rêve.

[*Fleuves*]

PIERRE NEPVEU

Né à Montréal en 1946, Pierre Nepveu enseigne la littérature à l'Université de Montréal depuis 1978. Il a publié des essais, de la poésie et des romans. Il est coauteur de l'anthologie *La poésie québécoise des origines à nos jours*. Chroniqueur à *Lettres québécoises* puis à *Spirale*, il a collaboré en tant que poète ou critique à de nombreuses revues littéraires québécoises. Au Noroît : *Mahler et autres matières*, 1983 ; *Romans-fleuves* (Prix du Gouverneur général), 1997 ; *Lignes aériennes*, 2002.

ACTE MANQUÉ

Que tout ce qui a existé,
déposé, boueux, peu facile,
se réveille au moment
où tu comprends ces traces
qui ne furent jamais tiennes
parce que tu n'avais
l'attention ni le poids suffisants,
et au travers de ton corps
on voyait vibrer la mer,
les planches à voile basculer
et le sable porter sa chaleur
au bord du ciel, comme une langue.
Cela, plus réel
que toi-même, et plus inhabité,
rien ne lui donna jamais
consistance, feu ou puanteur.
Ce qui fut effleuré
se plia sans effort
à ta voix jeune et froide,
ses douleurs impensées
plus pures que des pierres.

[*Mahler et autres matières*]

L'ŒUVRE DÉMANTELÉE

Au plus profond des mots
où personne ne me voit,
où les mots ne sont plus
que leurs propres fantômes
et les mots *terre* et *pluie*
ne nomment qu'eux-mêmes,
éperdument rivés à la tâche
de fouiller, jusqu'à en être cois.
Il fait trop clair et trop léger
dans ce creux d'inconnu
et je ne sais plus
si l'ombre et le bonheur
et la pomme sur la table
m'appartiennent encore,
ni quel autre langage
au-delà pourrait naître
pour dire combien j'étais seul
et proche de disparaître
en prononçant ces mots.

[*Mahler et autres matières*]

MARÉE MONTANTE

J'éteins ce texte
comme une lampe
qui a trop brûlé les yeux.
Le livre n'est plus visible
sur la table, les pages
fument où quelque bonheur
pressait le corps
de livrer ses sources,
ami toujours vert.
Je me lève à froid
dans un souci devenu
mien, dans un néant
qui me déborde.
J'ouvre la porte
et j'entends la mer
dans Montréal.

[*Mahler et autres matières*]

POUR UN POÈTE DU CÔNE SUD

Adeus para sempre, Amigos,
Vou sepultar-me no Céu.
Mário Quintana

J'espérais m'ensevelir
comme un poète austral
dans le ciel d'avant l'histoire,
son émulsion d'étoiles.
Monter comme on descend
en fermant les yeux
et trouver à briller
dans la plus noire profondeur.
Mais la lumière me poursuit:
panorama de continents,
et la mémoire des baignades
dans la mer bleue d'hier.
Les cités de sable brillent,
les centres-villes de cristal
et leurs bijouteries de grands enfants.
À quelle hauteur le sang
tourne-t-il en cristaux?
Et songer que ma mère essuyait
[mes larmes
quand je rentrais en hiver

après les jeux et les tramways
et que ce geste-là, jamais
je n’en aurais épuisé la douceur
quand j’étais sur la terre
au plus secret des choses
    [et de mon corps.

[*Romans-fleuves*]

FELIZ NATAL

Mais votre vie, votre vie,
comment l'aurez-vous tissée
en dehors de mes mots
et de ma raison trop peu claire?
combien de frissons aurez-vous
éprouvés qui ne me toucheront jamais,
ces gestes noirs dans la nuit du jour,
ces nœuds au ventre quand le sang
viendra à fleurir entre vos cuisses,
cette mémoire dont vous-mêmes
ne serez pas certaines, la caressant
comme un fantôme au creux de l'insomnie
en croyant que les voyages nous accordent
la vérité nue des choses qui subsistent:
un Christ en croix, un cimetière
immuable, les anges de l'Aleijadinho
trépignant du haut d'une corniche
vers le ciel embrasé du Brésil
par un bel après-midi de la Nativité
dans la clameur religieuse du solstice d'été.

[*Romans-fleuves*]

MARIE UGUAY

Née à Montréal, Marie Uguay (1955-1981) a collaboré à plusieurs revues. Elle a publié trois recueils au Noroît qui ont été réédités en 1986 sous le titre de *Poèmes*, comprenant quelques inédits. Au Noroît: *Signe et rumeur*, 1976; *L'outre-vie*, 1979; *Autoportraits*, 1982; *Poèmes*, 1986; *Poèmes*, nouvelle édition, 1994.

ces îles dont nous parlons depuis des siècles
avec leurs diamants d'os taillés sur d'anciennes vies
avec leur gratitude d'oiseaux inassouvis
avec leur misère toujours pareille

ces îles où nous irons ouvrir la terre
reconnaître le ciel des saisons découpées
aux heures des songes et aux matins d'orange
ces îles à bout de bras
dont nous parlons depuis des siècles
ô ces solitudes

[*Signe et rumeur* dans *Poèmes*]

Je suis l'amphore
je vous porte dans vos silences historiques
dans vos cloîtres   dans vos fenêtres d'inquiétude
dans vos gestes séculiers
sur le lustre de vos tâches secondaires et pratiques
dans votre démarche tropique
ou lorsque vous êtes assises sur les paliers
incises   enflées   mutilées
seules
privées du monde et du corps
et les plus belles aussi
qui ont gravé leur visage dans l'argile
dans vos coquillages à tisser des toiles
et toujours à naître dehors sur l'océan

[*L'outre-vie* dans *Poèmes*]

J'irai partout   ailleurs
l'hirondelle   la fumée   les roses tropicales
c'est tout le matin ensemble
puis l'homme que l'on aime et que l'on oublie
je serai bien le jour
dans cette moisissure d'or
qui traîne dans toutes les capitales
et le tapis usé   les ascenseurs

Je n'ai plus d'imagination
ni de souvenirs forcément
je regarde finir le monde

et naître mes désirs

[*L'outre-vie* dans *Poèmes*]

tout ce qui va suivre
maintenant t'appartient
des traces du rideau
et de la surface du sol
des plis du clair-obscur
à l'étang parfait de la nuit
et le mouvement très pur des respirations
le destin imaginaire des mains

c'est pour toi qu'il tremble
ce passage furtif et dérisoire
de clartés aux profondes strates
et l'ombre s'agrandit
au-dessus des montagnes
pour toi ce tremblement
qui complique l'espace
inaugure le déclin
de tant de splendeurs
toute la vacance
qui juge ses fleurs
et prépare ses fruits

dans la chambre
s'allume l'incarnat d'un tissu
ou l'eau contenue dans un verre
l'oiseau signe le ciel
d'un geste prompt
qu'aucune mémoire ne sait retenir

(les saveurs semblent si frêles
qu'un seul corps les tient toutes)

clapotis ramené par le basculement
du froid indigo
un visage paraît au coin d'un portique
respire l'herbe répandue
les feuilles brûlées
contemple les signaux familiers qui s'irisent
se laisse à son rêve
le temps qu'il le sent
si proche et si volatile à la fois

[*Autoportraits* dans *Poèmes*]

la chaleur fera cercle autour de nous
installés au fond d'une chambre
sous le treillis d'un feuillage pauvre
ou d'une encoignure fraîche peinte
il y aura ton visage découpé sur le bleu vacant de l'aube
avec les objets quotidiens dans leur signification
[de tendresse
le miel que l'on tire de son bol ocre
le lait qui s'épanouit dans le noir du café
le rideau qui se soulève et n'achève pas sa retombée
toute lente contraction aura abandonné
[tes pensées et tes muscles
je serai couchée au milieu de la lisse métamorphose
glissée sous la palme froide d'un ciel de pierre
vide pour percevoir la traversée de tes paroles
et le monde serait un gong initial
dont on percevrait encore les longs anneaux
[de vibration
dans nos murs de sable

[*Autoportraits* dans *Poèmes*]

LES POÈTES PUBLIÉS AU NOROÎT DEPUIS LA FONDATION DE LA MAISON EN 1971

Anne-Marie ALONZO, Geneviève AMYOT, Françoise ASCAL, Margaret ATWOOD, Martine AUDET, Marie-Claire BANCQUART, Pierre BARRETTE, Louise BEAUCHAMP, Germaine BEAULIEU, Michel BEAULIEU, Claude BEAUSOLEIL, Jean-Pierre BEGOT, Rabah BELAMRI, Paul BÉLANGER, Marie BÉLISLE, Patrice BERAY, Martin BERGERON, Louky BERSIANIK, Claudine BERTRAND, Daniel BIGA, E. D. BLODGETT, France BOISVERT, Jocelyne BOISVERT, Yves BOISVERT, Lionel BOURG, Jacques BRAULT, Jacques BRÉMOND, André BROCHU, Nicole BROSSARD, Marc André BROUILLETTE, David CANTIN, Francis CATALANO, Paul CHAMBERLAND, Jean CHAPDELAINE GAGNON, Jean CHARLEBOIS, Pierre CHATILLON, Michel CHAVIN, Yong CHUNG, Anne-Marie CLÉMENT, Mireille CLICHE, Guy CLOUTIER, Jean Yves COLLETTE, Christophe CONDELLO, Carle COPPENS, Patrick COPPENS, Hugues CORRIVEAU, Michel CÔTÉ, Louise COTNOIR, Alain CUERRIER, Antonio D'ALFONSO, Jean-Paul DAOUST, Normand DE BELLEFEUILLE, Monique DELAND, Francine DÉRY, Denise DESAUTELS, Maryline DESBIOLLES, Louise DESJARDINS, Pierre DESRUISSEAUX, Mary DI MICHELE, Hélène DORION, J. F. DOWD, Carles DUARTE I MONTSERRAT, Guy DUCHARME, André DUHAIME, Louise DUPRÉ, François-Michel DURAZZO, Antoine ÉMAZ, Jocelyne FELX, Catherine FORTIN, Célyne FORTIN, Danielle FOURNIER, Lucien FRANCOEUR, Rose-Marie FRANÇOIS, Jean-Marc FRÉCHETTE, Christiane FRENETTE, Katherine S. FREY, Michèle GAGNÉ, Madeleine

Gagnon, Martin Gagnon, Marc Gariépy, Jacques Gauthier, Normand Génois, André Gervais, Guy Gervais, Bernard Gilbert, Yves Gosselin, Edgard Gousse, Michel R. Guay, Daniel Guénette, Claude Haumont, Hilda Hilst, Jean-Pierre Issenhut, Suzanne Joly, Douglas G. Jones, Roberto Juarroz, Mimy Kinet, Pierre Laberge, France Lachaine, Patrick Lafontaine, Werner Lambersy, Corinne Larochelle, Louise Larose, Mona Latif-Ghattas, André Laude, Camille Laverdière, Bertrand Laverdure, Michel Leclerc, Rachel Leclerc, Luc Lecompte, Jean-Marc Lefebvre, Alexis Lefrançois, Serge Legagneur, Ghislaine Legendre, Pierre Léger, Michel Lemaire, Michel Létourneau, Jocelyne Lévesque, Nadine Ltaif, Valerio Magrelli, Paul Chanel Malenfant, Philippe Marchal, Guy Marchamps, Jean-Claude Martin, Line Mc Murray, Robert Melançon, Marie-Jeanne Méoule, Serge Meurant, Isabelle Miron, Annie Molin Vasseur, Serge Mongrain, Germaine Mornard, Roger Munier, Émile Nelligan, Pierre Nepveu, Denys Néron, Carl Norac, Serge Ouaknine, Jacques Ouellet, Pierre Ouellet, Fernand Ouellette, Gabriel-Pierre Ouellette, Madeleine Ouellette-Michalska, Hélène Ouvrard, Leopoldo Maria Panero, Claude Paradis, André Paul, Hélène Péras, Luc Perrier, Richard Phaneuf, Robert Piccamiglio, Michel Pleau, Jaume Pont, Jean-Noël Pontbriand, Joël Pourbaix, Sylvain Proulx, Gaston Puel, Jacques Rancourt, Diane Régimbald, Thérèse Renaud, Christine Richard, Nicole Richard, Claire Rochon, Marcelle Roy, Jean Royer, James Sacré, Serge Safran, Janou Saint-Denis, Saint-Denys Garneau, Jeanine Salesse, Odelin Salmerón, Michel Savard, Paul Savoie, Jacob Isaac Segal, Hossein Sharang, Patrick Straram, Alain Suied, François Tétreau, Jean-Yves Théberge, Marie-José Thériault, Louis-Jean Thibault, Martin Thibault, Jacques Thisdel, Clarisse Tremblay, Larry Tremblay, Élise Turcotte, Marie Uguay, Jean-Pierre Vallotton, Michel Van Schendel, Pasquale Verdicchio, France Vézina, Yolande Villemaire, Jan Erik Vold, Miriam Waddington et Robert Yergeau.

Autres poètes publiés au Noroît
dans des anthologies

José ACQUELIN, Farida AIT FERROUKH, Amer AIT SAÂDI, Mohammed ATTAF, Pat BORAN, François CHARRON, Eiléan CHUILLEANAIN, Susan CONNELY, Padraig J. DALY, John F. DEANE, Patrick DEELEY, Gerard FANNING, Abdelkrim GHEZALI, Robert GIROUX, Mohan Arezki HAMOUR, Suzanne JACOB, Rachid KACI, Thomas MCCARTHY, Youcef MERAHI, Youcef NEDJIMI, Ciaran O'DRISCOLL, Dennis O'DRISCOLL, Nacer OUKEMMOUM, Méziane OURAD, Yves PRÉFONTAINE, Guy TOUATI, Denis VANIER, Robert WELCH, Macdara WOODS et MOHAMED YOUNSI.

Outre ces poètes, les Éditions du Noroît
ont également publié des livres
des artistes et écrivains suivants :

P.-A. ARCAND, Francine BEAUVAIS, Léon BELLEFLEUR, Lorraine BÉNIC, Gilles BOISVERT, BRACAVAL, Fulvio CACCIA, Graham CANTIENI, Yvon COZIC, Jean DAIGLE, René DEROUIN, Martin DUFOUR, Álvaro FALEIROS, Nabile FARÈS, J.-Y. FRÉCHETTE, Marc GARNEAU, Roland GIGUÈRE, Pierre HÉBERT, Miljenko HORVAT, Denise JOYAL, Benoît LACROIX, Richard LACROIX, Alain LAFRAMBOISE, Lucie LAPORTE, Janine LEROUX-GUILLAUME, Roger LEYMONERIE, Guylaine MASSOUTRE, Huguette ORLY, Christine PALMIÉRI, Francine SIMONIN, Phillip SURREY, Hélène THIBAUX, Gérard TREMBLAY et Marina ZITO.

Les Éditions du Noroît ont également édité des cassettes audio ainsi qu'un CD de poèmes (conception musicale : Violaine Corradi).

TABLE

AGMV Marquis
MEMBRE DE SCABRINI MEDIA
Québec, Canada
2003